Culturas de México

Konkáak
los del mar y la arena

Andrés Ortiz

CORREO DEL MAESTRO • EDICIONES LA VASIJA

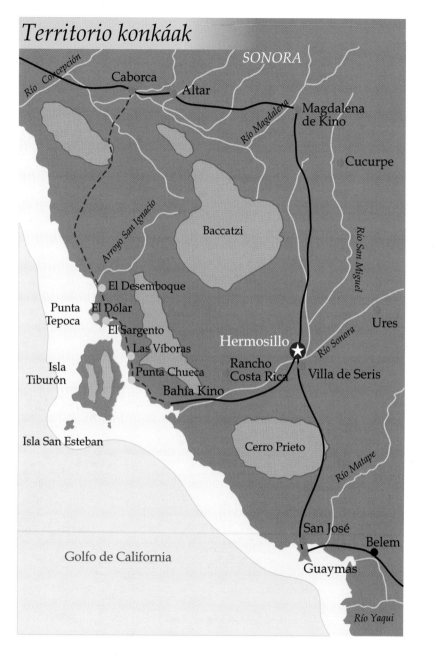

Territorio konkáak

SONORA

Río Concepción

Caborca

Altar

Magdalena
de Kino

Río Magdalena

Cucurpe

Arroyo San Ignacio

Baccatzi

Río San Miguel

El Desemboque

Punta
Tepoca

El Dólar

El Sargento

Ures

Las Víboras

Hermosillo

Río Sonora

Isla
Tiburón

Punta Chueca

Rancho
Costa Rica

Villa de Seris

Bahía Kino

Isla San Esteban

Cerro Prieto

Río Matape

San José

Belem

Golfo de California

Guaymas

Río Yaqui

Ríos

Serranías

Carretera

- - - - - Terracería

Localidades konkáak

Poblaciones yoris

Población yaqui

 Capital estatal

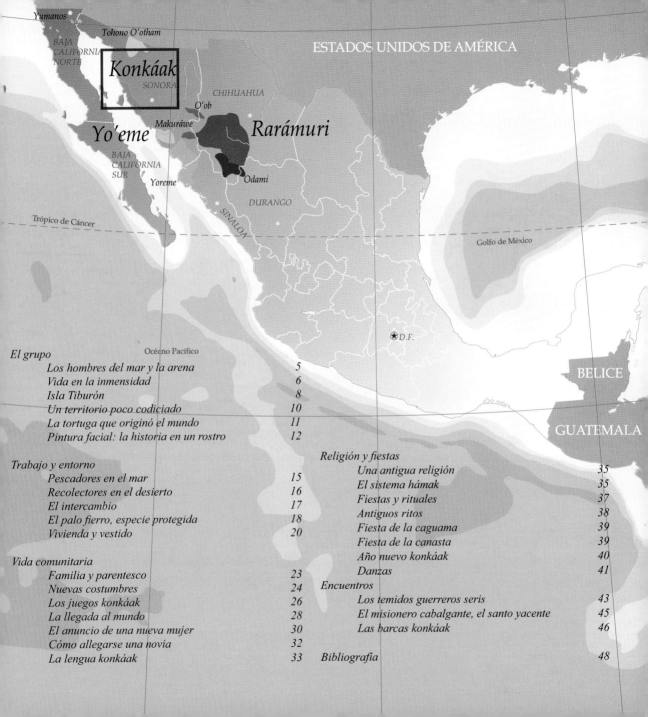

ESTADOS UNIDOS DE AMÉRICA

Yumanos
BAJA CALIFORNIA NORTE
Tohono O'otham
Konkáak
SONORA
CHIHUAHUA
O'ob
Makuráwe
Rarámuri
Yo'eme
BAJA CALIFORNIA SUR
Yoreme
Odami
DURANGO
SINALOA
Trópico de Cáncer
Golfo de México
D.F.
Océano Pacífico
BELICE
GUATEMALA

El grupo
  Los hombres del mar y la arena   5
  Vida en la inmensidad   6
  Isla Tiburón   8
  Un territorio poco codiciado   10
  La tortuga que originó el mundo   11
  Pintura facial: la historia en un rostro   12

Trabajo y entorno
  Pescadores en el mar   15
  Recolectores en el desierto   16
  El intercambio   17
  El palo fierro, especie protegida   18
  Vivienda y vestido   20

Vida comunitaria
  Familia y parentesco   23
  Nuevas costumbres   24
  Los juegos konkáak   26
  La llegada al mundo   28
  El anuncio de una nueva mujer   30
  Cómo allegarse una novia   32
  La lengua konkáak   33

Religión y fiestas
  Una antigua religión   35
  El sistema hámak   35
  Fiestas y rituales   37
  Antiguos ritos   38
  Fiesta de la caguama   39
  Fiesta de la canasta   39
  Año nuevo konkáak   40
  Danzas   41

Encuentros
  Los temidos guerreros seris   43
  El misionero cabalgante, el santo yacente   45
  Las barcas konkáak   46

Bibliografía   48

El grupo

Los hombres del mar y la arena

Los **konkáak** o **seris** habitan desde hace mucho tiempo en la costa central de Sonora, la Isla Tiburón y otras islas del Golfo de California, como la de San Esteban. El significado original de la palabra konkáak se ha perdido y hoy este vocablo significa, simplemente, "la gente". Así es como este pueblo se llama a sí mismo. En cuanto al gentilicio seri, con el que también se le conoce, parece que proviene de la lengua cahita (que hablan los **yaquis**, sus vecinos hacia el sur) y significa "los hombres de la arena". Por su parte, los konkáak actuales llaman **yoris** –otra palabra de significado y origen inciertos que se extendió entre los grupos indígenas de Sonora– a los que no son de su raza ni su cultura.

La lengua que hablan los konkáak ha sido clasificada por lingüistas y etnólogos como parte de una gran familia de lenguas llamada **hoka-sioux**. De acuerdo con la lingüística, los konkáak vendrían siendo una especie de primos de Toro Sentado, Caballo Loco, Nube Roja, Pequeño Gran Hombre y demás guerreros de las tribus sioux que tan gallardamente enfrentaron la conquista anglosajona del oeste americano en el siglo XIX. La lengua de los konkáak también está emparentada con las que hablan los minúsculos grupos indígenas que todavía habitan en el norte de la península de Baja California, llamados **yumanos**.

En la actualidad hay entre 600 y 700 hablantes de la lengua konkáak. Si bien este número es pequeño, la vitalidad de su lengua es grande; en general, los konkáak prefieren inventar nuevas palabras que

adoptar préstamos del español. Y eso sucede a pesar de que la mayoría de ellos son bilingües konkáak-español y hasta trilingües, pues también hablan inglés. En cambio, son muy pocas las personas de fuera que llegan a hablar la lengua indígena, pues resultan difíciles sus secuencias de consonantes, los alargamientos de las cuatro vocales con las que cuenta y toda su compleja estructura verbal.

Vida en la inmensidad

A partir de la segunda mitad del siglo XX, este pueblo indio se ha concentrado en dos poblados junto al mar: el Desemboque (municipio de Pitiquito) y Punta Chueca (municipio de Hermosillo). De acuerdo con los ciclos de pesca, las familias radican también en diversos campamentos pesqueros (como El Sargento, Egipto, Paredones, La Ona, Las Víboras y El Tecomate) que se encuentran distribuidos a lo largo de aproximadamente 100 km de litoral y en la Isla Tiburón. En conjunto, el territorio konkáak abarca un área cercana a las 210 000 hectáreas.

El hábitat se compone de dos entornos ecológicos muy diferentes, pero que presentan ciertas semejanzas: el desierto y el mar. Agua y tierra forman dos inmensidades que colindan, sin mezclarse del todo. Ambos medios plantean retos a la supervivencia del ser humano: el movimiento continuo es indispensable para no perecer y para obtener los recursos necesarios para la vida; la relativa homogeneidad y la invariabilidad del horizonte tanto en el desierto como en el mar hacen difícil la orientación, por eso en ambos hay que guiarse recurriendo a los cuerpos celestes o a rasgos peculiares del paisaje; la *amplitud de los espacios, así como la calidad de la luz, adquieren aspectos singulares a los que la vista humana debe adaptarse. Esta magnitud del hábitat seguramente ha influido en la importancia que este pueblo concede al tamaño de los seres y las cosas.*

Aunque en principio parecen grandes desolaciones, el mar y el desierto contienen múltiples formas de vida vegetal y animal que los indígenas aprendieron a utilizar para su supervivencia. Sin embargo, apropiarse de esos recursos nunca ha sido una tarea fácil, pues el mar no permite más que breves inmersiones en él y el desierto nunca es demasiado pródigo; además, en ambos medios están bastante delimitadas las temporadas de cosecha en que se pueden obtener con abundancia sus riquezas.

En la costa sonorense, la conjunción de mar y desierto está empatada con una situación muy paradójica: hay mucha agua en el mar, pero en tierra son extremadamente escasas las fuentes de agua dulce. En esta región el clima es en extremo seco, las precipitaciones pluviales alcanzan apenas entre 75 y 200 mm cúbicos por año, así que la lluvia es muy poca y tampoco hay corrientes de agua dulce permanentes. Además, en estos desiertos las temperaturas son extremosas: en el día puede subir de los 40 grados centígrados y por la noche descender abajo del cero. La poca disponibilidad de agua dulce ha determinado siempre que, para garantizar su supervivencia, los habitantes de este desierto tengan que vivir en grupos pequeños y sumamente móviles. Por eso, la tribu konkáak nunca fue muy numerosa y estaba dividida en bandas y clanes que se agrupaban por líneas de parentesco y tenían posesión, cada cual, de una parte del territorio tribal.

Isla Tiburón

El Golfo de California o Mar de Cortés se formó hace unos cinco millones de años; la península californiana se desprendió de la masa continental debido a los movimientos telúricos de la falla de San Andrés. Este mar tiene 1200 km de largo, 222 km de ancho y alcanza hasta 3500 m de profundidad. En él habitan más de 3000 especies de animales marinos: hay más de 800 variedades de peces, también mamíferos como ballenas, delfines, focas y leones marinos, además de una multitud de crustáceos y otros invertebrados. Varias de las especies son endémicas, es decir, que no existen en algún otro lugar del mundo, como la vaquita marina, un mamífero parecido al delfín.

En la parte central del Golfo se levanta la majestuosa Isla Tiburón, la más grande de la República Mexicana con sus 50 kilómetros de largo y 25 de ancho. Está separada de la costa sonorense por el Canal del Infiernillo, un corredor marino cuya poca profundidad hace que sólo puedan surcarlo embarcaciones pequeñas y en donde la fuerza de los vientos que allí azotan hace muy azarosa la navegación.

Los primeros exploradores europeos que vieron la isla relataron que en sus aguas se podían ver miles de escualos cazando a otros peces; por eso la llamaron Isla Tiburón. Desde la época prehispánica, la isla fue una importante base para los konkáak (de hecho, una de las bandas de la tribu era conocida con el nombre de "tiburones"). Para toda la etnia, este lugar ha sido desde la antigüedad un patrimonio cultural en el que se encuentran referencias mitológicas y lugares sagrados; también se convirtió en una zona de refugio donde los indios resistieron los intentos de conquista.

Debido a la gran riqueza de vida silvestre que habita en la isla, en 1963 el gobierno mexicano decretó a la Isla Tiburón como "zona de reserva natural y refugio para la fauna silvestre". Después, el 11 de febrero de 1975, se publicó otro decreto presidencial en el que se reconoció la propiedad comunal de los konkáak sobre la isla. Sin embargo, ésta también quedó incluida en el marco de protección de las islas del Golfo de California, que en la década de 1980 fueron declaradas como "reserva especial de la biosfera".

Esta especial condición jurídica de la isla crea una cierta ambigüedad que ha provocado conflictos entre los konkáak y las autoridades gubernamentales. Por ejemplo, en algunas ocasiones, las patrullas de la Marina mexicana estacionadas en la isla han detenido a pescadores konkáak que ejercen sus derechos de propiedad exclusiva sobre los recursos pesqueros del Canal del Infiernillo o que cazan en la serranía de la isla (la cual tiene algo más de 1200 metros sobre el nivel del mar en sus partes más altas). Sin embargo, poco a poco, la convivencia entre el sistema federal de protección a la vida silvestre y las necesidades económicas del pueblo konkáak se ha vuelto más armoniosa, en la medida en que se desarrollan proyectos de aprovechamiento de los recursos naturales que incluyen y benefician a los indígenas.

Un territorio poco codiciado

Como el desierto no despertó las ambiciones de los colonizadores españoles (pues la tierra no es apta para la agricultura y no se conocían yacimientos importantes de oro o plata), durante la época colonial los konkáak se vieron más o menos libres de las presiones que sí sufrieron otros pueblos indios de Sonora, habitantes de tierras más pródigas. Durante mucho tiempo, los konkáak siguieron siendo una cultura autónoma basada en la pesca, la caza y la recolección de frutos silvestres. En ocasiones, algunas bandas konkáak establecían contactos con los grupos vecinos que eran agricultores, como los **pimas**, **ópatas** y **eudeves**. A veces esos contactos eran hostiles y se producían enfrentamientos que cimentaron la fama guerrera de los konkáak; otras veces, los encuentros fueron pacíficos y consistían en intercambios de sal, conchas marinas y pieles por productos agrícolas, en especial maíz.

Esta forma de vida se mantuvo prácticamente inalterada hasta la segunda mitad del siglo XIX, cuando se empezaron a establecer grandes ranchos ganaderos que desataron una constante lucha contra los indios por el abastecimiento de agua. En ese tiempo, la población konkáak fue diezmada por la guerra y la falta de agua y alimentos. No fue sino hasta la tercera década del siglo XX que los konkáak comenzaron a tener relaciones formales y pacíficas con los gobiernos del estado de Sonora y de la República Mexicana.

La tortuga que originó el mundo

La cultura konkáak conserva un importante acervo mitológico que se manifiesta en los relatos que los ancianos cuentan a los más jóvenes, en las canciones que interpretan cuando están trabajando o cuando celebran sus ceremonias; o en el tratamiento que dan a los animales y las plantas, o a los cuerpos celestes, al viento y al mar. Uno de esos relatos cuenta cómo se originó el mundo gracias a la hazaña de la caguama macho.

"Al principio, hace mucho tiempo, sólo existían el mar, el cielo y muchas clases de animales que habitaban en el agua. Como el mar era demasiado profundo, se reunieron en consejo todos los animales marinos y decidieron que tratarían de llegar al fondo para, después, llevar a la superficie algo de tierra. Uno a uno, los animales intentaron llegar al fondo. La ballena, el tiburón, el mero gigante, el delfín y hasta los pequeños peces. Pero ninguno podía llegar, hasta que le tocó su turno a la caguama macho. Luego que la tortuga se lanzó hacia el fondo, los demás animales esperaron su salida por muchos días y noches. Tuvo que pasar una luna entera, un mes, para que la caguama, exhausta, regresara. Había llegado al fondo y agarrado un puñado de arena, pero sólo traía unos pocos granos en las uñas, pues el resto se le había caído en el esfuerzo por emerger. De todos modos, gracias a su acción fue como la tierra pudo ser creada."

Pintura facial: la historia en un rostro

La pintura facial ha sido usada por muchos grupos indígenas del continente americano, entre ellos, los konkáak. El uso de la pintura facial entre los konkáak obedece, por un lado, a un motivo práctico: la protección del rostro y los ojos contra los efectos de los reflejos de la luz solar en el agua del mar y la arena del desierto. Por otro, no cabe duda de que esta práctica se convirtió en un arte y en una manera de comunicar historias y características a través de la utilización de colores y diseños que adquieren significados muy precisos para quien los sabe interpretar.

Los diseños pueden indicar una posición social, la pertenencia a un grupo (clan o banda) o sirven como talismán al realizar algunas actividades. Por ejemplo, hay dibujos que se usan durante la recolección de frutos en el desierto, para recibir el sol o el lucero de la mañana, para proteger a las mujeres que van a parir. La pintura de guerra es otro ejemplo recurrente en muchas culturas antiguas. Pero ahora un uso bastante común y extendido entre los konkáak es para indicar el estatus matrimonial (si es soltera, casada o se puede aparejar) de una persona que acude a una fiesta.

Los diseños consisten en exquisitos dibujos de líneas delgadas, rematadas por puntitos, a veces formando triángulos, rombos, estrellas, círculos u otros trazos geométricos cuyas variaciones representan una historia impresa sobre el rostro humano. El dibujo completo cruza la cara, sobre las mejillas y la nariz, pasando por debajo de los ojos. Los colores más usados son rojo (asociado con la muerte), blanco (la suerte), azul (el mar) y verde (protección y salud). Antes, las pinturas se elaboraban con materiales naturales y se mezclaban con azúcar para evitar que se corrieran sobre el rostro por los efectos del sudor; la gente usaba agua puesta en una concha marina a manera de espejos. Ahora también se utilizan sustancias y objetos de la cosmetología actual.

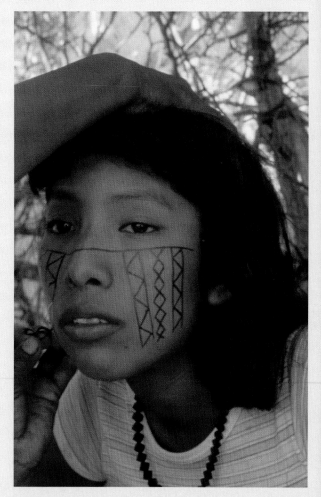

Muestra de pinturas faciales

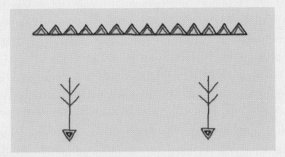

Usada por los hombres en tiempos de guerras. Con esto no sentirían dolor ni frío.

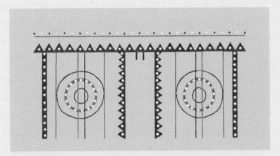

De pubertad, usada por señoritas el primer día de su celebración.

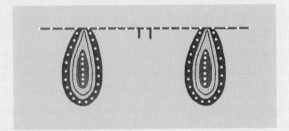

De elegancia, usada por señoritas para asistir a cualquier tipo de celebración.

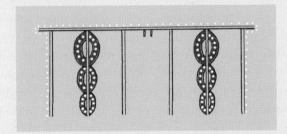

De pubertad, usada después del cuarto día de celebración, para lucir elegante.

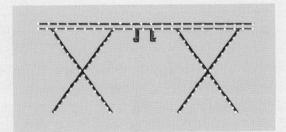

Para ir a cualquier tipo de fiesta, usada por hombres y mujeres adultas.

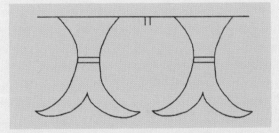

Para conseguir pareja, usada por hombres cuando quieren tener novia o les gusta una mujer.

Fuente: Espinosa, 1997.

Pescadores en el mar

A pesar de la hostilidad del desierto y la perenne escasez de agua dulce, los konkáak han sabido encontrar medios de subsistencia y recreación aprovechando tanto las plantas y la caza del desierto, como la fecunda vida marina del Golfo de California. La adaptación de su cultura al medio ambiente ha sido tan completa y tan respetuosa que las plantas, los animales, las aves, los peces y los mamíferos marinos son habitantes no sólo del mundo físico, sino también del mundo espiritual y religioso de los konkáak.

Si bien su relación con el mar es antigua, desde la década de 1920, el crecimiento de algunas ciudades de Sonora y Arizona creó una demanda regular de productos marinos, en especial pescado. Bahía de Kino se convirtió entonces en una población pesquera dedicada a abastecer ese mercado. Varias familias konkáak establecieron allí un campamento permanente, donde aprendieron las nuevas técnicas pesqueras y de navegación. En ese tiempo, muchos konkáak que llevaban una existencia nómada en el desierto recurrieron al mar como su principal fuente de trabajo y abastecimiento. En 1938, el gobierno del presidente Lázaro Cárdenas apoyó la creación de una cooperativa pesquera y entonces El Desemboque, primero, y Punta Chueca, algo después, se convirtieron poco a poco en puntos estables de reunión para los konkáak, quienes abandonaron así sus hábitos nómadas.

La sustitución del arpón, los anzuelos con cuerdas y los botes de carrizo por redes de captura y lanchas de fibra de vidrio con motor fuera de borda amplió el número de especies que se podía pescar. La pesca para el autoconsumo se practica todo el año. Los hombres pescan en el mar, mientras que las mujeres recolectan conchas, moluscos y caracoles en la costa.

Recolectores en el desierto

Los estudios antropológicos y etnobiológicos sobre los konkáak demuestran que este pueblo conoce y usa alrededor de 400 especies vegetales, entre las que hay unas 80 que comen y otras 100 que utilizan para combatir padecimientos y enfermedades. Por ejemplo, conocen ocho distintas especies de agaves, de las cuales varias son endémicas y las usan para obtener azúcar. Sus conocimientos sobre las características y la vida de las tortugas marinas y del venado bura han contribuido a aumentar y mejorar el acervo científico de muchos estudios de la ecología de la región.

Entre otras especies de flora del desierto que aprovechan están el quelite, la gobernadora, el mezquite, el palo fierro, la pitahaya, el sahuaro, el torote, el orégano, el agave. En cuanto a la fauna, han sido cazadores de venado bura, liebre, codorniz gris, víbora de cascabel, tortuga terrestre, pelícano, borrego cimarrón, jabalí, conejo y otras más; también crían animales domésticos y aves de corral. En la actualidad, varias especies vegetales y animales están en peligro de extinción; en años recientes el gobierno federal de México y los konkáak han establecido convenios para el aprovechamiento de estos recursos naturales que permiten la continuidad de las especies, así como la posibilidad de que los propios konkáak puedan explotarlos de manera racional.

El intercambio

Como la pesca comercial sólo es practicable con seguridad entre septiembre y mayo, los konkáak complementan sus ingresos con la venta de artesanías y de productos naturales como jojoba, grava y guano.

El trabajo artesanal consiste principalmente en el tallado de figuras de madera de palo fierro, el tejido de las canastas y cestas llamadas "coritas", la manufactura de collares (para los que usan caracoles, conchas, vértebras de víbora de cascabel y de pescados, semillas y cuentas de chaquira), la confección de muñecas de trapo vestidas a la manera tradicional konkáak, la elaboración de instrumentos musicales, arcos y flechas con nervios de venado y puntas de pedernal, así como la hechura de bolsitas de tela con objetos medicinales que se usan como amuletos.

Desde la época prehispánica, la elaboración de las coritas o canastas de mimbre distinguió a los habitantes del desierto. La naturaleza del material usado y la calidad del tejido han permitido que las canastas contengan no sólo frutos, semillas y otros sólidos, sino también líquidos, pues la perfección del entramado las hace impermeables. Las formas tradicionales de las coritas son dos: globulares (como ollas) o extendidas (como platones). La materia prima utilizada es la fibra de los arbustos llamados torote o torote prieto (**att** en la lengua indígena). Este material se quema, se desfibra y se tiñe para producir diseños en sepia (con la raíz de cosahui), negro (con la corteza del mezquite, carbón de palo fierro o chomizo) y amarillo (con flores de chomete).

Las mujeres son las especialistas en el tejido, que se hace en una forma espiral con nudos y amarres que sólo ellas conocen; el trabajo de los hombres se limita al corte y acarreo del torote. Antes las coritas eran para uso doméstico, ahora ya sólo se elaboran para su venta comercial.

El palo fierro, especie protegida

*El palo fierro (**Olneya tesota**) es una planta endémica del desierto sonorense. Es un árbol de hoja perenne que crece lentamente; es una planta muy longeva y se dice que puede llegar a vivir hasta mil años. Su altura varía entre seis y nueve metros, tiene ramas delgadas con espinas en la base de las hojas, que son de color verde grisáceo. Sus flores, que brotan de mayo a junio, son de tonos que van del blanco al rosa púrpura o lavanda, tienen cinco pétalos y aparecen en racimos. La madera de este árbol se distingue por su color, de un café muy oscuro, y por su dureza.*

El palo fierro ha sido de gran utilidad para el hombre. Se ha usado como madera para combustible, como forraje para animales; su vaina ha sido parte de la dieta de los indígenas; las abejas extraen de su flor gran cantidad de néctar de excelente calidad para elaborar miel. Pero las actividades que se realizan en forma creciente desde hace unas varias décadas son la talla de la madera para elaborar artesanías y la comercialización del carbón.

En el tallado de madera participan varios miembros de la familia, aunque, por lo general, las mujeres liman y pulen para dar el acabado final. En ocasiones se dan a los ancianos o a gente con enfermedades de la vista figuras apenas trabajadas, para que las acaben y obtengan así algún ingreso. Hay familias que se especializan en la producción de algún tipo de figuras.

A partir de las últimas décadas del siglo pasado, la talla de figuras de palo fierro fue retomada por arte-

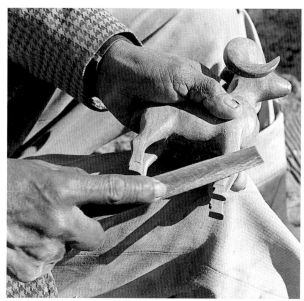

sanos yoris que, en general, usan maquinaria especializada (sierras eléctricas, fresas, tornos y cepillos). Por ello, la actividad de los artesanos konkáak se ha visto gravemente amenazada y desplazada (aunque su maestría en el tallado no ha podido ser igualada y las figuras preferidas son las talladas por manos konkáak). Se estima que en Sonora hay entre 2000 y 3000 artesanos dedicados a esta actividad. Por su parte, la producción de carbón vegetal ha acelerado el agotamiento de leña muerta de palo fierro. En Sonora existen muchas carboneras artesanales que producen 70% del carbón vegetal de México, el cual se exporta a Arizona y California.

La explotación del palo fierro para satisfacer las necesidades de estas dos actividades está agotando rápidamente las reservas de este árbol, que ya está enlistado en las normas oficiales mexicanas como "especie amenazada sujeta a protección especial". Antes, los konkáak lo conseguían fácilmente, pues los árboles se encontraban en grandes cantidades en la cercanía de sus comunidades, pero ahora es cada vez más necesario comprar la madera a comerciantes que la traen desde Caborca, mucho más adentro

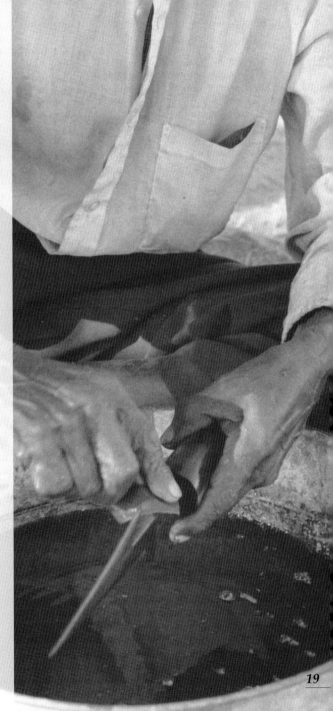

Tallado de arpón. El pulido se realiza con lija de agua, para dar un acabado fino a la pieza.

Vivienda y vestido

Las casas tradicionales, que aún se encuentran en los sitios donde los konkáak acuden a pescar por temporadas, las elaboran con una estructura de palos de ocotillo que se doblan y amarran para formar una especie de túnel; esta estructura se cubre con ramaje como protección contra el sol y el viento. Las casas modernas de El Desemboque y Punta Chueca son casi todas de bloques de concreto y techo de lámina de asbesto (aunque también hay algunas de madera o adobe con techo de lámina de cartón); cuentan con cocina-comedor, baño y uno o dos cuartos. Como los materiales de que están hechas las convierten en calurosas en el verano y frías en el invierno, la gente trabaja y desarrolla gran parte de sus actividades diarias en las ramadas que levantan en los patios de las casas o en la playa.

En los grabados y fotografías que se hicieron a fines del siglo XIX, se ve que tanto mujeres como hombres usaban el pelo largo y los jóvenes solteros de ambos sexos lo ataban en espléndidas trenzas; ambos sexos llevaban el torso desnudo y usaban taparrabos de piel o de plumas de pelícano (con este material también hacían capas para abrigarse contra el frío). Después de la llegada de los misioneros protestantes, los hombres fueron impulsados a recortarse el pelo y vestirse a la manera de los yoris, con pantalones de mezclilla, camisas a cuadros y el infaltable sombrero tipo texano (ahora las cachuchas van sustituyendo cada vez más ese típico sombrero vaquero). Poco a poco, la moda del pelo largo ha vuelto; sobre todo entre los jóvenes, que se visten en un modo rockero con camisetas y otras prendas clásicas del estilo informal y retador de la juventud urbana moderna (pero en las fiestas y ceremonias, quienes ocupan un papel como actores rituales se visten a la manera tradicional).

Las mujeres han conservado mucho más el uso del vestido tradicional, que incluye faldas relativamente estrechas que llegan hasta los tobillos y blusas cerradas con mangas también largas. En cualquier caso, un rasgo distintivo de su indumentaria son los colores muy vivos y subidos que contrastan con los azules del mar y el cielo, y los pardos y verdes del desierto. No es raro que las jóvenes se tiñan el cabello, a veces con colores inusitados como amarillo-dorado o rojo.

Familia y parentesco

Debido a la baja densidad de su población y a sus hábitos nómadas, los konkáak no tenían una estructura social y política formalizada. Los únicos líderes que se recuerdan en su tradición oral eran los jefes guerreros, que sólo mandaban cuando había guerra. Los chamanes también ejercían cierto poder entre las bandas, pero aun así, su poder no era reconocido por todos. De manera que el verdadero control social se ejercía al interior de las familias extendidas. La ausencia de un gobierno central y los hábitos nómadas imprimieron en los konkáak un carácter marcadamente independiente que aún se manifiesta.

Debido a la importancia de la familia, el sistema de parentesco tiene una gran cantidad de términos y las relaciones familiares implican varios deberes y derechos. Por ejemplo, para un konkáak (hombre o mujer) existe la obligación de que cuando posee comida o algunos enseres e instrumentos, los debe compartir con ciertos parientes y, recíprocamente, esos parientes deben compartirle el mismo tipo de cosas.

Otra costumbre consiste en la prohibición de dirigir la palabra a algunos parientes; los hombres, por ejemplo, no deben hablar directamente con su propio padre ni con sus suegros y otros parientes de la esposa. Si bien esto era antes un tabú muy respetado, actualmente esa costumbre ya no se sigue observando.

Nuevas costumbres

La iglesia cristiana protestante ha introducido varios cambios en la organización familiar, sobre todo en las costumbres asociadas al casamiento y a las formas de heredar. Antes, por ejemplo, el **amajc** (padrino) que llevaba a cabo los ritos funerarios recibía una buena parte de las pertenencias de quien fallecía, pero ahora la herencia pasa a manos de la familia directa (cónyuge e hijos) o de alguien que designe la persona que va a dejar algo en herencia.

El establecimiento en pueblos sedentarios también ha provocado transformaciones. Por ejemplo, antes, cuando una persona adulta moría, se enterraba gran parte de sus posesiones con ella y otra parte se entregaba al amajc que se encargaba de los funerales (quien, a su vez, estaba obligado a dar a esa familia cosas equivalentes a lo que recibía). La vivienda de la persona que moría se quemaba; pero como ahora los konkáak viven en casas de cemento construidas por el gobierno, éstas ya no se destruyen cuando el dueño muere, aunque sí se dan casos en que se convierten en propiedad del amajc.

En las dos localidades konkáak hay escuelas que proporcionan educación preescolar y primaria. Las clases se imparten en español y en el idioma nativo siguiendo los modelos del sistema de educación bilingüe que el gobierno desarrolla entre las poblaciones indígenas del país.

La vida sedentaria y los hábitos de consumo creados por los comerciantes yoris han provocado graves alteraciones en la salud de un pueblo acostumbrado a

Entre los cambios más importantes que la modernidad llevó a los konkáak, se encuentra el establecimiento de escuelas. Gracias al patrocinio de particulares sonorenses y estadounidenses, los niños konkáak cuentan con servicio de transporte escolar.

la movilidad, al ejercicio y a una alimentación con productos naturales. Ahora gran parte de la dieta se basa en sopas de pasta, galletas, sardinas enlatadas, golosinas y variedad de alimentos "chatarra". Como el agua para beber no es abundante, toman muchos refrescos y jugos de lata. Así, se han estado generando problemas de obesidad, ceguera, enfermedades gastrointestinales y de los dientes, causados, en buena medida, por el elevado consumo de azúcares. En los poblados konkáak hay clínicas rurales en las que se atienden padecimientos menores y heridas, pero para atención médica mayor hay que trasladarse hasta la ciudad de Hermosillo.

Aunque hay miembros de la etnia que salen a estudiar o trabajar fuera de la región konkáak, se trata de un pueblo que, a diferencia de otros grupos indígenas de México, no se desplaza a otras regiones para emplearse como jornaleros agrícolas o albañiles. Quizás esto se deba a que no son expertos en agricultura, pero también influye que no les gusta contratarse por horarios fijos ni tener patrón. Un dato interesante es que en su lengua no existen vocablos que signifiquen "amo" o "patrón".

Los juegos konkáak

A los konkáak les gustan mucho los juegos de azar y las apuestas; sin embargo, para la mayoría de la gente se trata simplemente de juegos para divertirse y de ninguna manera se consideran como medio de vida; por ello no hay jugadores profesionales. Tienen dos juegos favoritos que por lo regular se efectúan en el contexto de las fiestas.

Hammoyij sen o juego del sahuaro
En este juego participan generalmente las mujeres. La idea básica es que a cada jugadora se le dan cinco rodajas de sahuaro con las que se formará un gran círculo que en esencia es la pista de la carrera en que se enfrascan las participantes. Entre más participantes haya mayor será el camino que recorren las piezas.

A cada jugadora le corresponde una marca (**apeksh**) que la va a representar en el círculo de rodajas de sahuaro; esta marca se hace con una vara del arbusto llamado "vara prieta" y se adorna con hilos, listones, pedazos de papel o algún otro material de color, para que con ello se convierta en el distintivo de la jugadora. El objetivo del juego es avanzar esta marca a través de los rodetes de sahuaro hasta completar un determinado número de vueltas al círculo. Para avanzar, a manera de dados, se usan tres tablillas de carrizo de unos 15 centímetros de largo (**hemoot hapashkaj**), que en su parte cóncava tienen dibujadas franjas alternadas de azul y rojo y en la parte convexa son lisas y de color natural.

Cada jugadora, en su turno, lanza las tablillas; el valor de las combinaciones que se obtienen al caer determina el número de casillas (rodajas) que se puede avanzar;

también hay combinaciones que significan "no avance", en cuyo caso la jugadora entrega las tablillas a la siguiente mujer que está a su derecha y así pasa el turno. Cuando se completa la primera vuelta al círculo de rodajas de sahuaro, las marcas de las jugadoras avanzadas van eliminando a las marcas de quienes no han completado el recorrido cuando las rebasan. Al final gana quien vaya más adelante en el recorrido pactado.

Las apuestas consisten básicamente en hilos, agujas, botones, prendedores, plumas, cosméticos, collares de conchas, dinero u otras cosas. Cada jugadora que elimina a otra se queda con una parte de lo que esta última apostó; y quien haya completado primero el circuito o vaya más adelante cuando se acaba el juego, se lleva la mayor parte de la apuesta.

Shappíij kanlang o juego del carrizo

En este juego, los hombres se dividen en dos equipos de seis a ocho jugadores cada uno. Se utilizan recortes de carrizo a modo de fichas y además una varita del mismo material de unos seis centímetros de largo. Al principio del juego, las fichas (que pueden ser entre 150 y 200) se depositan en medio de los dos equipos. Ambos se sientan frente a frente, separados por una gran tinaja rellena de arena y se tapan las piernas con una manta o cobija. Se usan también cuatro cañas de carrizo de aproximadamente 20 cm de largo que tienen nombres, marcas y figuras para diferenciarlas. Se designa un árbitro que certificará las marcas utilizadas por cada equipo y que interviene para resolver las controversias que puedan darse. Se introduce una varita dentro de una de las cuatro cañas de carrizo, que se rellenan con arena. El oponente debe adivinar en qué carrizo se encuentra la varita, pero debe hacerlo señalando el orden en que vaciará los carrizos. Cada acierto o cada fallo en el intento de adivinar en cuál caña está la varita determina que el equipo que acierta obtenga fichas y el que falla las pierda. Al final gana quien tenga más fichas, lo que equivale a que el ganador sea quien adivinó más veces en cuál caña estaba la varita y cuáles no la contenían (porque se debe recordar que cada caña es diferente y el orden del destape de cada una es determinante para ganar fichas).

En este juego también se hacen apuestas de objetos y dinero; los konkáak consideran muy interesante al shappíij kanlang porque en él debe aplicarse mucha observación psicológica entre los jugadores, ya que los gestos y movimientos, las miradas y reacciones de los competidores ayudan a adivinar dónde está escondida la varita.

La llegada al mundo

Entre los konkáak existe la creencia de que una mujer embarazada debe comer mucho pulpo para asegurar un parto fácil y rápido; en cambio, no debe acercarse mucho a una persona que haya sido picada por un escorpión o mordida por una serpiente, pues entonces habrá mucho dolor durante el parto. Las mujeres continúan su vida normal durante el embarazo, lo que significa que cocinan, recogen madera para hacer fuego, acarrean agua, colectan frutos y otros productos silvestres y hacen canastas y otras artesanías. Los esposos de las mujeres que van a dar a luz también continúan su vida normal, tan sólo procurando no alejarse demasiado de su hogar y no permanecer demasiado tiempo en el mar. Lo más común es que en el parto, la mujer sea ayudada por otras mujeres que tienen experiencia, muchas veces se trata de parientas cercanas de la parturienta. Para ayudar a la mujer a parir se le dan infusiones hechas con plantas que ayudan a acelerar el proceso (también se cuenta que han usado un brebaje preparado con alcohol, limas, canela y aspirinas). A veces, se convoca a un chamán para que apoye el nacimiento con sus poderes, pero por lo general no toma parte activa.

Después que la placenta es expulsada, una mujer vieja, usualmente una abuela del recién nacido, la lava y la cubre con sal o cenizas, para que el bebé crezca sano; en otros tiempos se acostumbraba sepultar la placenta en la base de un sahuaro gigante, pero ahora se conforman con enterrarla en algún lugar fuera del campamento, pues ya no se encuentran sahuaros gigantes cerca de los poblados. Mientras

tanto, la madre pinta una cruz con tizne de carbón de leña en la frente del pequeño para protegerlo del mal; este trazo se le deja por cuatro días. Luego de asearlo y vestirlo, le dan al recién nacido su primer alimento, que consiste en el agua que contiene una pequeña almeja (llamada **shtip sak**) a la que agregan un poco de azúcar para endulzarla.

Al nacer la criatura, se enciende un fuego ritual en la casa o choza; este fuego no puede ser usado para cocinar ni su carbón para encender otros fuegos; su propósito es dar energía al bebé y ayudarle a "cocerse bien" (tal como se cuece una olla). Es tabú que los padres coman cualquier tipo de carne; no deben comer nada que contenga sangre: el padre, durante los cuatro días siguientes al nacimiento, y la madre, ocho. Si este tabú se rompe, los padres corren el peligro de quedarse ciegos. A los cuatro días del parto, ambos padres van a la orilla del mar y allí se lavan el pelo para deshacerse de la impureza de la sangre vertida. Acostumbran guardar los restos del cordón umbilical en una bolsita de cuero que la madre llega a conservar durante muchos años.

El anuncio de una nueva mujer

Esta celebración se efectúa cuando una muchacha tiene su primera menstruación; la fiesta se hace para dar gracias por el desarrollo de la joven, anunciar a la comunidad que hay una nueva mujer apta para la procreación, proteger a la joven de los malos espíritus que moran en el desierto y darle suerte en su futuro matrimonio. Cuando aparece el primer sangrado menstrual, los padres avisan al padrino (amajc), quien desde ese momento se encarga de los preparativos para la organización de la fiesta. Ésta se divide en dos partes: primero se hace una, a los pocos días de que la muchacha menstrúa por primera vez, y después otra, generalmente, cuando ocurre la segunda menstruación de la muchacha; cada una de las fiestas dura cuatro noches con sus días.

En cada fiesta, la muchacha debe permanecer dentro de una pequeña enramada (hecha con troncos de ocotillo y ramas de salvia) que se construye expresamente para la ocasión; allí se queda durante los cuatro días, acompañada por otras cuatro jovencitas y por su "madrina", quien está encargada de atenderla, peinarla, arreglarla y decorar su rostro con pintura facial. Hay varias restricciones y tabúes que la joven debe observar durante toda la ceremonia: no debe dormir mientras se ejecutan las danzas o se están llevando a cabo los juegos rituales (se dice que si la muchacha duerme en esos momentos y tiene sueños en los que ocurren desgracias, éstas se pueden volver realidad); también debe ayunar, junto con los padrinos, y durante un tiempo debe observar una dieta consistente en alimentos especiales recolectados en el monte (como pitahayas y pechitas, que

son frutos de plantas silvestres). La joven, sus padres y sus padrinos tienen prohibido comer cualquier tipo de carne durante esos días (pues contiene sangre), ya que si lo hacen, ella corre el riesgo de enfermar gravemente.

Durante las noches se efectúan cantos y se danza Pascola. Aunque antes se tomaba en esas celebraciones una bebida de pitahaya fermentada, ahora está prohibido ingerir bebidas embriagantes en la fiesta. Durante las primeras tres noches se suceden los juegos tradicionales, los cantos, las danzas y las comidas (pues quienes no son parientes directos ni amajc de la muchacha sí pueden comer libremente). El cuarto día, la fiesta continúa hasta el amanecer, cuando todos los asistentes acompañan a la joven hasta la orilla del mar. Allí se purifica; para ello, la madrina le lava ritualmente el cabello, mientras le da consejos y le habla de su nueva situación como mujer. Luego todos regresan a la casa del amajc, donde el cantante y el danzante ejecutan piezas especiales para la festejada. La madrina conduce después a la joven hasta su pequeña enramada y allí peina y corta parte de su cabello. La fiesta concluye cuando, a la salida del sol, el amajc reparte los regalos a los invitados (peines, hilos, fósforos, adornos para el cabello, aretes, pañuelos, cuentas para collares, dulces).

Como epílogo a la celebración, la madrina recoge las ruedas de cactus usadas en el juego del amóyij sen y las lleva al monte, allí las coloca en un círculo que semeja su disposición en el juego; cuando estas ruedas se secan son sustituidas por piedras, a manera de recuerdo de la fiesta. Al mes siguiente se hace la otra fiesta, la "confirmación", que es similar a la primera.

Cómo allegarse una novia

El matrimonio no está permitido entre parientes con-sanguíneos directos, incluidos los primos hermanos. Antes se acostumbraba consultar al chamán para cono-cer la conveniencia de una unión, pero ahora este asun-to queda en manos de los padres de la pareja.

Cuando la familia de la novia acepta el compromiso, pasa un periodo de seis meses a un año, aproxima-damente, durante el cual la familia del novio debe hacer regalos a la familia de la muchacha. Esta es-pecie de pago por la novia puede incluir camionetas de las llamadas trocas, aparatos eléctricos como ra-dios o televisores, dinero, comida, ropa, artesanías de palo fierro o cestería, entre otras cosas. Cuando se considera que el pago ha sido cubierto, se realiza el casamiento, a través de una sencilla ceremonia en la iglesia de la comunidad.

Generalmente, la nueva pareja se traslada a vivir en un cuarto construido cerca de la casa de los pa-dres del novio, pero éste está obligado de por vida a cooperar en la manutención de sus suegros.

Aunque antes había varias ceremonias para señalar el tránsito de una etapa de la vida a otra (por ejem-plo, la iniciación de los hombres a la etapa adulta reconociéndoles como guerreros o los ritos funera-rios), ahora ya sólo se celebra con cierta regularidad la fiesta de la pubertad de las muchachas núbiles.

La lengua konkáak

Una forma de nombrar algo nuevo, que no existía antes en la propia cultura, es tomar prestada una palabra de la lengua que sí tiene ese término. Por ejemplo, los españoles tomaron prestada la palabra náhuatl *tomatl* y la convirtieron en tomate; a partir de allí se extendió a otras lenguas, como el inglés, que la cambió a *tomato*.

En español contamos con muchos préstamos lingüísticos que provienen del inglés, por ejemplo, en el área de la computación decimos *mouse*, *mail*, *link* y otras palabras, y preferimos utilizar esos vocablos extranjeros en vez de traducirlos.

Otro recurso que tienen quienes entran en contacto con cosas, seres o acciones que antes no conocían, es inventar una nueva palabra que siga los patrones sonoros y gramaticales que existen en su propia lengua. Eso es lo que los konkáak casi siempre hacen. Además de demostrar la vitalidad de su lengua, esta forma de proceder muestra el orgullo que sienten los hablantes por sus tradiciones culturales.

Veamos un ejemplo de cómo los konkáak nombran las partes de los automóviles –que son relativamente nuevos en su cultura– utilizando analogías con las partes del cuerpo humano, u otras ideas que se ajustan más a su conocimiento. El estudio de la creación de neologismos (palabras nuevas) permite conocer algunos procesos de la lógica de su pensamiento.

Konkáak		Español
ziix iitax	(cosa con que se va)	motor
ziix iitax iyas	(el hígado del motor)	acumulador
ziix iitax itj iixquim	(lo que el motor pone alrededor de su cintura)	correa
Itoj	(sus ojos)	faros
itéen ihízlca	(las bandas de su boca)	frenos
yahjij	(su tráquea)	manguera
iquéelexolca	(sus remos)	ventilador
hax an iisi	(donde toma agua)	radiador
ihíisax an hant yait	(lugar en que cae su espíritu)	mofle
xica cooxp	(cosas blancas)	bujías
hant imáasij an ihíij	(donde se sienta la llanta)	rin

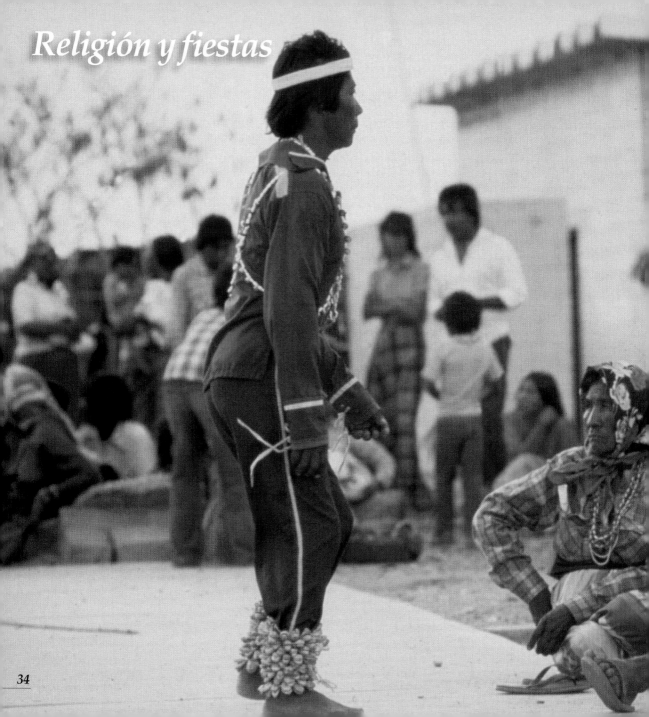

Una antigua religión

La antigua religión de los konkáak era de naturaleza animista y creían en un gran número de espíritus y fuerzas cuyo poder buscaban invocando visiones sagradas. El poder de esos espíritus se asociaba con animales, objetos especiales, cuerpos celestes y fenómenos naturales. Quienes lograban obtener las visiones se convertían en chamanes capaces de curar enfermedades, realizar hechizos y encantamientos, así como predecir el futuro.

Algunas de las antiguas creencias todavía se conservan. Los konkáak no festejan los ciclos agrícolas ni el santoral católico, y ritualizan situaciones concretas, pero muy contingentes, relacionadas más bien con aspectos importantes para la supervivencia y reproducción del grupo; de ahí la importancia de los ritos de paso (entre diferentes etapas de desarrollo del individuo), de saneamiento y purificación.

Así, muchos ritos adquirieron un carácter preventivo y apaciguador que intenta salvaguardar el bienestar del individuo y el grupo ante alguna clase de infracción que alguien lleve a cabo o ante el encuentro con algún ser u objeto potencialmente peligroso. Sobre todo, parece destacar la idea, hasta hoy vigente, de que el tamaño de un objeto o ser es directamente proporcional a la cantidad y calidad de poder sobrenatural –positivo o negativo– que contiene.

El sistema **hámak**

Los konkáak tienen una manera muy peculiar de enfrentar situaciones en las que pueden existir peligros sobrenaturales, que ha sido llamada por antropólogos y etnólogos "el sistema hámak". Aunque varias de las funciones y características se han perdido por la influencia de agentes externos y de elementos modernos, todavía sobreviven otras que se expresan claramente en el actual cargo de amajc (también conocido como "padrino") quien es indispensable en los ritos de pubertad. El sistema hámak consiste en la elección, por parte de cada familia, de otra familia sustituta que tendría a su cargo la realización de varios rituales a nombre de la familia electora. Se trata, pues, de una inversión de papeles rituales, así como de una forma de intercambio ceremonial.

La persona o personas que se designan como amajc deben cumplir con varios cargos; por ejemplo, la familia que es amajc de otra debe patrocinar los gastos de las fiestas de pubertad y encargarse de los entierros de los miembros de la familia que los eligió. Este sistema implica la idea de que el amajc es el que manipula o se enfrenta a ciertas situaciones u objetos potencialmente peligrosos (como el manejo de cadáveres); el amajc se libra del peligro porque no tiene un parentesco consanguíneo directo con la familia afectada; así, al cumplir con los deberes rituales, evita la contaminación y desvía los peligros que pueden cernirse sobre una familia debido a la acción de ciertas fuerzas sobrenaturales. Quienes fungen como amajc reciben retribuciones en servicios o especie, pero sobre todo, la idea fundamental es que todas las familias quedan protegidas porque cada una tiene a otra que le sirve de amajc.

Aunque ha perdido parte de sus características originales y la variedad de la vida ceremonial se ha reducido con el tiempo, el sistema hámak aún conserva

cierta vigencia entre los miembros del grupo. Varios son los cambios que han causado el abandono de ceremonias y el debilitamiento de este sistema, como las prohibiciones y creencias impuestas por los misioneros protestantes –que desde mediados del siglo XX mantienen una relativamente exitosa presencia en las comunidades konkáak– y la mayor interrelación de los konkáak con la cultura occidental urbana; otras ceremonias ahora no tienen razón de ser, como las relacionadas con la guerra.

Fiestas y rituales

Las ceremonias de los konkáak destacan acontecimientos que no corresponden a fechas calendáricas precisas y buscan, sobre todo, purificar a quienes han tenido contacto con situaciones impuras, contagiosas y dañinas. Así, los ritos de paso para marcar la pubertad, los ritos terapéuticos, las fiestas celebradas para agradar a los espíritus residentes en objetos y animales grandes, además de los rituales para exorcizar a los muertos, constituyen el repertorio ceremonial del grupo.

Las características ambientales siempre han impedido que las reuniones sociales impliquen grandes concentraciones de gente. La escasez de agua fresca no permite soportar demasiada gente junta al mismo tiempo y en un mismo lugar. Además, casi todas las fiestas que todavía se llevan a cabo enfrentan serios problemas para su realización. En primer lugar está el costo de las ceremonias; con el sistema hámak un tanto descompuesto, es difícil para la gente afrontar los gastos que antes se diluían en los grupos familiares. Por otro lado, el agotamiento y las vedas

impuestas sobre la captura de algunas especies marinas (entre ellas la caguama de siete filos y el mero gigante), convierten en imposible no sólo la realización de la fiesta, sino la propia captura del animal, que constituía en sí misma el motivo del festejo. Este tipo de situaciones hace difícil evaluar con certeza la vigencia de varias de las fiestas konkáak.

Antiguos ritos

Acerca de los ritos que antes se practicaban, los konkáak cuentan que se hacía fiesta cuando algún familiar o ser querido se recuperaba de una enfermedad peligrosa o era salvado de morir en un accidente; también se hacían ritos de purificación cuando alguien moría (sus pertenencias personales, su balsa y su casa se quemaban). Para curar varias enfermedades se hacían ritos terapéuticos oficiados por un chamán, quien usaba ramas de algunas plantas sagradas para "limpiar" al paciente, al mismo tiempo que entonaba cánticos especiales. También se utilizaban fetiches hechos con la madera del "arbusto del elefante", polvos y cruces fabricadas con ramitas de algunos vegetales considerados mágicos; esto se colgaba al cuello de la persona y se suponía que prevenía la enfermedad y otorgaba buena fortuna.

En otros tiempos, se celebraba una fiesta cuando los guerreros volvían después de matar a sus enemigos. Esta ceremonia se hacía fuera de los campamentos, pues los espíritus de los enemigos muertos podían haber seguido a los guerreros para hacerles algún daño. Las danzas ejecutadas en esta ceremonia eran un recurso para alejar el peligro de tal venganza. El cuero cabelludo de las víctimas o algún pedazo

El uso de tocados y penachos (hechos con madera, cueros, plumas y otros materiales) es conocido por los konkáak desde hace mucho tiempo. Pero actualmente se elaboran sólo para el uso de los actores ceremoniales en las fiestas o para venderlos como artesanías.

ensangrentado de sus ropas se ataba a lo alto de un poste. Probablemente, la última fiesta de victoria fue celebrada hacia 1930. Aunque estos rituales guerreros ya no se llevan a cabo, algunos konkáak aseguran que hay una ceremonia secreta en la que los jóvenes son iniciados como miembros de una guardia militar, pero es muy poco lo que se sabe al respecto, pues los ritos y las danzas que forman parte de ella no deben ser revelados a quienes no sean miembros de la Guardia Konkáak.

Fiesta de la caguama

Cuando algún pescador atrapa una caguama de siete filos debe llevarla viva hasta su comunidad y organizarle allí una fiesta en la que cantan y recitan los mitos del origen para agradecer al animal su protección y su ayuda en la creación del mundo. Se construye un corral especial para que la tortuga esté bajo la sombra y no muera. En la cabeza, las aletas y el caparazón se le pintan dibujos con diseños de poder. Le cantan canciones especiales, danzan Pascola y hacen los juegos tradicionales. Al finalizar la ceremonia, dejan que la tortuga regrese al mar. Parece ser un tabú muy serio no cumplir con el rito (se cree que quien atrapa una caguama de éstas y no le hace la fiesta seguramente sufrirá desgracias, tal vez la muerte).

Fiesta de la canasta

Cuando una mujer acaba una canasta gigante, llamada genéricamente "corita" (**sapim**), se hace una fiesta para atraer buena suerte a la artesana y para aplacar

al espíritu que contiene este objeto. Como al tejer la canasta con un punzón de hueso de venado, el roce del instrumento con las fibras produce ciertos ruidos, los konkáak dicen que éstos son los gritos de un espíritu llamado **koen**, que puede causar la muerte de la artesana o de alguno de sus familiares. A fin de evitar este peligro se ofrece harina de mezquite y pequeñas bolas de fruta al espíritu, para alimentarlo y mantenerlo contento. La mujer que hace la sapim debe cantarle por cuatro veces una canción especial.

Al acabar la canasta se organiza una fiesta. La canasta se coloca en una mesa cubierta con arcos de mezquite y ramas de gobernadora con adornos de listones. Al amanecer de la cuarta noche, la madrina ata los últimos nudos con los que se finaliza el entretejido de la canasta. La madrina y la artesana toman entonces las ofrendas que los asistentes fueron depositando en el interior de la canasta (dinero, comida, broches para pelo, cigarros, cerillos y otras cosas) y las arrojan hacia la concurrencia. Después se hace la despedida deseando buena suerte a todos los que asistieron.

Año Nuevo konkáak

La celebración del cambio de año o ciclo lunar anual tiene una fecha móvil porque la fase lunar que la determina, la conjunción de la Luna nueva y la constelación de las Pléyades en el firmamento, puede caer en junio o julio. Esta fiesta dura un día, de un anochecer hasta el siguiente; como en las otras fiestas, las principales actividades rituales son la danza de Pascola y los juegos tradicionales.

Danzas

Aunque en otros tiempos el repertorio dancístico de los konkáak era más variado, ahora se ha reducido prácticamente a una sola danza: la Pascola. En la lengua indígena se le llama **Icoitáa** ("danza verdadera") y constituye una interesante variación a la danza de Pascola que ejecutan otros grupos del área. Entre los konkáak la baila un solo ejecutante, que realiza sus pasos sincopados sobre un tablado que se coloca encima de la arena. Prácticamente, este tablado es un tambor de pie, con el que no sólo se permite que el danzante pueda evolucionar sin ser estorbado por la arena, sino que además sirve como instrumento de percusión para acompañar la danza. Se dice que antes, en vez de tablado, se usaba un caparazón de tortuga sobre el cual bailaba el danzante, pero ahora ya no es común ver eso.

También parece haber una variante en la que el pascolero se apoya sobre un bastón para realizar sus evoluciones (antes se utilizaba un poste al cual se agarraba). El danzante se distingue por la corona de madera con la que se atavía, no siempre usa tenábaris (sonajas de capullos de mariposa que se enredan en la parte baja de la pierna) y lleva un traje tradicional de camisa y pantalón que tiene algunos diseños especiales. Esta danza es acompañada generalmente por un hombre que canta y agita una sonaja (antes estas sonajas eran de bule, pero ahora se utilizan unas fabricadas con botes de metal). Parece que anteriormente había varias danzas más, las cuales ya no se ejecutan, como la del Venado o **Hepen cöicói**; la del Coyote u **Oot cöicói**, y otra danza llamada **Hant cöititóij cöcoila**, en la que participaban hombres y mujeres.

Los temidos guerreros seris

Los seris han gozado de una gran fama como guerreros cuya valentía, inteligencia para el combate y ferocidad sólo tienen equivalente con los antiguos apaches. Durante mucho tiempo, estas dos tribus sostuvieron una larga guerra de resistencia contra la conquista y la colonización de sus territorios. Aún hoy, en Sonora, seri y apache son sinónimos de bravura, rebeldía y terror.

Desde antes del arribo de los españoles al Noroeste, las bandas seris (tepocas, salineros, tastiateños, guaymas, upanguaymas y tiburones) acostumbraban enfrentarse entre ellas y con otros pueblos indígenas que habitaban en las vecindades del desierto. A veces, también hubo alianzas entre los seris y otras tribus; por ejemplo, se cuenta que en un tiempo los yaquis se unieron a los seris para atacar a los blancos que transitaban entre Hermosillo y Guaymas, pero la represión del ejército mexicano los obligó a dispersarse. (Según relatan los konkáak modernos, Coyote Iguana, que era el jefe de esa banda, raptó y posteriormente desposó a la mujer blanca llamada Lola Casanova. Esta leyenda ha inspirado varias novelas y películas.)

En los siglos XVII y XVIII, los jesuitas pretendieron llevar a cabo una política de reducciones (concentración de la población india en torno a las misiones) en el territorio seri; para ello trasladaron familias hasta lugares situados fuera del desierto. Pero los seris nunca estuvieron conformes con dejar el hábitat que tan bien conocían; de hecho, la reducción de los seris en las misiones cercanas a los ríos Altar y San

Las bandas seris

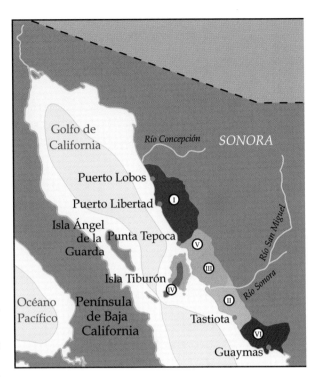

Ⓘ ● Tepocas. *Xica hai iic coii*. "Los que viven hacia el viento verdadero"

ⒾⒾ ● Tastioteños. *Xica xnai iic coii*. "Los que viven hacia el viento sur"

ⒾⒾⒾ ● Salineros. *Heno konkáak*. "La gente del desierto"

ⒾⓋ ● Tiburones. *Tahejök konkáak*. "La gente de la Isla Tiburón"

Ⓥ ● Upanguaymas. *Xnaa motat*. "Los que vinieron del sur"

ⓋⒾ ● Guaymas. *Xica hastano coii*. "Los que viven en los cerros"

Miguel resultó el más completo fracaso que tuvieron los jesuitas en el Noroeste.

Durante gran parte del siglo XIX, los seris, en la parte occidental de Sonora, y los apaches en el noreste del mismo estado y en Chihuahua, mantuvieron en jaque el avance de los colonizadores. Sin embargo, para el último cuarto de ese siglo, los seris fueron fuertemente diezmados (quizás quedaban menos de 300, según algunos reportes) y su territorio fue invadido por los rancheros sonorenses. Esto produjo una forma de enfrentamientos conocida localmente como "la guerra de Encinas". En gran parte, este conflicto se debió a la disputa por los pozos y ojos de agua y a que los seris mataban ganado de los ranchos para comerse las reses. En respuesta, los rancheros organizaban partidas armadas que atacaban a los seris indiscriminadamente.

Aunque este conflicto tuvo una escala reducida, su resultado fue la usurpación de los lugares que contaban con más agua, el genocidio de los indígenas y el reforzamiento de un intenso odio de los seris hacia los yoris.

Fue sólo con las transformaciones acontecidas al inicio del siglo XX que el estado de guerra y persecusión de los indígenas terminó y los seris comenzaron a integrarse a una nueva forma de vida y entablar relaciones de convivencia más pacífica con el resto de la nación.

Fuente: McGEE, 1980.

Arquero seri en posición de descanso, 1894.

El misionero cabalgante, el santo yacente

Aunque el propósito jesuita de evangelizar a los seris resultó un fracaso, los intentos encabezados por el misionero italiano Francisco Eusebio Kino tuvieron consecuencias perdurables. Una de ellas se derivó del hecho de que al ingresar a la Compañía de Jesús, Kino estudió, entre otras materias, matemáticas y geografía en la Universidad de Ingolstadt, Alemania, convirtiéndose en un apasionado practicante de estas ciencias. Gracias a sus conocimientos, fue el primero en trazar mapas precisos de un inmenso territorio que abarcaba gran parte de lo que hoy es el noroeste de México y el suroeste de Estados Unidos. Fue también el primero en demostrar que la Baja California es una península y no una isla, como se creía todavía a finales del siglo XVII. Durante casi 30 años (1683-1711), Kino recorrió las hasta entonces incógnitas tierras del norte de Sonora, el sur de Arizona y las Californias, fundando misiones, muchas de las cuales, con el tiempo, se convirtieron en los núcleos originales de importantes poblaciones actuales.

Otra consecuencia fundamental se relaciona con el hecho de que, siendo hijo de campesinos bastante humildes, el padre Kino pudo congeniar con gran parte de los indígenas con los que estableció contacto, entre ellos algunas de las bandas seris. Su personalidad práctica e infatigable le llevó a promover la agricultura y la ganadería entre los indígenas, a estudiar algunas de sus lenguas, a intervenir en los conflictos entre las tribus y a legar a la posteridad un extenso trabajo útil para la etnografía actual.

El padre Kino, el misionero ecuestre en la historia de los yoris, es identificado con el santo yacente, el santo patrón de los jesuitas, San Francisco Xavier, a quien todavía mucha gente de la región, incluidos indígenas y mestizos, rinden culto peregrinando y festejando cada 4 de octubre en el poblado de Magdalena, en Sonora, donde Kino murió en 1711 a la edad de 45 años.

Las barcas konkáak

Antes de entrar a la modernidad con las lanchas de motor hechas de fibra de vidrio o madera, los konkáak navegaban el mar en unas curiosas embarcaciones. Las hacían con grandes haces de cañas de carrizo que amarraban con cuerdas de raíz de mezquite o fibras de agave. Los carrizos se obtenían en los alrededores de los contados aguajes del desierto. Con las ataduras se ayudaban a ir enrollando juntos los haces para conformar un entretejido que se mantenía tan unido que impedía el paso del agua.

Esta forma de trabajar las canoas recuerda la maestría de los konkáak en el tejido de fibras, de una manera similar a las canastas y coritas.

Las balsas así construidas eran muy livianas y tenían una extraordinaria capacidad de flotación, aunque su peso se acercaba a los 100 kilogramos; su tamaño promedio era de unos nueve metros de longitud y unos 45 centímetros de profundidad. Dos hombres podían cargar fácilmente con una de estas balsas, fuera para llevarla al agua o para sacarla de ella. Las balsas konkáak cruzaban graciosamente por las tempestuosas corrientes del Canal del Infiernillo y otras partes del Golfo debido a su elasticidad, su ligereza y su resistencia. Era muy difícil que se llegaran a hundir y la forma puntiaguda de su proa permitía cortar vientos y embestir marejadas cuando el mar se ponía más violento.

Originalmente se usaban como remos palos, grandes conchas o los fustes de los arpones para cazar la tortuga; no hay rastros de que se usaran encajes para los remos, ni timones, mástiles o algo parecido a velas. En este sentido, las barcas konkáak representan un tipo muy singular de

embarcación respecto a las usadas por otros indios de la región. Aunque en América Central y algunas partes de Sudamérica, los primeros colonizadores dejaron relatos en los que se describen artefactos similares, en el norte de México se conocieron más bien las canoas de troncos ahuecados o las balsas de grandes maderos atados entre sí. Este tipo de embarcaciones se hallaron entre los nativos de California y del sur del río Yaqui. Pero las balsas konkáak son características de este pueblo y muestran su notable adaptación a un medio ambiente muy peculiar.

Fuente: McGEE, 1980.

Ortiz, Andrés.
    Konkáak : los de la arena y el mar / Andrés Ortiz. – México :
Uribe y Ferrari Editores : Ediciones La Vasija : Correo del
Maestro, 2007.
    48 p. : il. ; 20 cm. – (Culturas de México)
    Bibliografía: p. 48
    ISBN 970-756-227-8
    ISBN 970-756-228-5 (Colección)

    1. Seris – Literatura juvenil. 2. Seris – Vida social y
costumbres. 3. Seris – Folklore. I. t. II. Ser.

306.089970721 ORT.k.   Biblioteca Nacional de México

Bibliografía

CANO ÁVILA, Gastón, Los seris, quintaesencia del folklore sonorense.
Temas sonorenses a través de los simposios de historia, Hermosillo,
Sonora. Gobierno del estado de Sonora, 1984.
ESPINOZA REYNA, Alejandrina, La historia en el rostro, CONACULTA, Gobierno del estado de Sonora, 1997.
FELGER, Richard Stephen y Mary Beck Moser, People of the Desert and Sea. Ethnobotany of the Seri Indians, Tucson, Arizona.
The University of Arizona Press, 1985.
GARIBAY Ricardo María y Loyden Esmeralda, Entre el mar y el desierto, SEMARNAT, México, 2006.
HINTON, Thomas, A Seri girl's puberty ceremony at Desemboque, Sonora, The Kiva, vol. 20, no. 4, Tucson, Arizona. Arizona State Museum,
The University of Arizona, 1955.
McGEE, William J., Los seris. Sonora, México, Colección Clásicos
de la antropología, num. 7, México, D.F., Instituto Nacional Indigenista, 1980.
MORALES BLANCO, Arturo, Las constelaciones seris, Dirección General de Culturas Populares, Secretaría de Educación Pública, Hermosillo, Sonora, 1984.
_____, La fiesta de la canasta. Punta Chueca, México, Dirección General de Culturas Populares, Secretaría de Educación Pública, 1986.
MOSER, Edward y Thomas Bowen, Material and functional aspects of seri instrumental music, The Kiva, vol. 35, no. 4 (Seri studies), april, Tucson, Arizona.
Arizona State Museum, The University of Arizona, 1970.
MOSER, Mary B., Seri: from conception through infancy. The KIva, vol. 35, no. 4 (Seri studies), april, Tucson, Arizona. Arizona State Museum,
The University of Arizona, 1970.
PÉREZ RUIZ, Maya Lorena, Tiempo y memoria de las seris,
México Indígena, 2a. época, num. 21, marzo-abril. México, D.F., Instituto Nacional Indigenista, 1988.
_____, Los seris, Etnografía contemporánea de los pueblos indígenas de México. Volumen Noroeste, México. Instituto Nacional Indigenista, 1995.
POZAS, Ricardo, La Baja California y el desierto de Sonora, los seris, México, D.F., Instituto Nacional de Antropología e Historia, 1961.

Investigación y textos: **Andrés Ortiz**. Corrección de estilo: **Correo del Maestro y La Vasija**. Cuidado de la edición: **Correo del Maestro y La Vasija**.
Fotografías: **Andrés Ortiz** p. 5, 22, 24, 25, 27a, 40, 45; **Ricardo María Garibay** portada y p. 6 , 7, 10, 12, 14, 15a, 16a, 18, 19, 20, 21b, 26, 28, 29, 31, 32, 38, 39,
41; **Alejandra Platt** p. 22, 27b, 37, 46; **Liliana Sánchez** p. 35; **Mario Sánchez Luna** p. 8, 16b, 36; **Cayetano Lucero** p. 11, 30; **Lorenzo Armendáriz** p. 34;
Alejandro Aguilar p. 4, 15b, 17; **Lutisuc** p. 21a; Foto p. 42 McGEE op. cit. Coordinación editorial: **Carmen de la Viña, Marcela Pérez-Abreu**. Diseño gráfico:
Verenice Sainz

Uribe y Ferrari Editores, S.A. de C.V., Av. Reforma No. 7-403 Ciudad Brisa, Naucalpan, Estado de México, México, C.P. 53280,
Tels. 53 64 56 70 • 53 64 56 95 correo@correodelmaestro.com
ISBN: 970-756-228-5 Culturas de México
ISBN: 970-756-225-0 Konkáak, los del mar y la arena

Este libro se terminó de imprimir y encuadernar en Pressur Corporation, S.A. C. Suiza, R.O.U., en el mes de febrero de 2007. Se imprimieron 3000 ejemplares.